Color piel de león

Ana Martínez Pérez-Canales

Color piel
de león

Octaedro

Colección Horizontes Educación

Título: *Color piel de león*

Primera edición: octubre de 2025

© Ana Martínez Pérez-Canales

© De esta edición:
Ediciones OCTAEDRO, S.L.
Bailén, 5, pral. – 08010 Barcelona
Tel.: 93 246 40 02
octaedro@octaedro.com - www.octaedro.com

ISBN: 978-84-1079-178-7
Depósito legal: B 19888-2025

Diseño de la cubierta: Tomàs Capdevila
Realización y producción: Ediciones Octaedro

Impresión: Ulzama

Impreso en España - *Printed in Spain*

La vergüenza es la comadrona o
la nodriza de toda educación.

RAFAEL SÁNCHEZ FERLOSIO
El alma y la vergüenza (2000)

Primera parte

Capítulo 1

—¿Subes? Te llevo.

—Bueno. Vale.

¡Qué tío más pesado! ¿Por qué no me dejará en paz?
¡No entiende que prefiero ir en el bus con mi amiga!

—¿Te lo sabes?

—Sí, bastante bien. Creo que esta vez apruebo; la otra vez fallé en una tontería.

—¿Has dejado ya las clases de canto y de ir al coro?

Este está majara.

—A mí me gusta cantar y el profesor me ha dicho que canto muy bien.

—Te estoy pidiendo que dejes de ir a clases de canto. No pintas nada con todo ese grupo de gente. Lo hablamos la semana pasada y quedó bastante claro que no irías más.

—Pero ¿qué dices? ¡Me gusta cantar! Déjame aquí, en la parada del bus. Voy a esperar a Marga.

—No. ¡Ni hablar! Entra ya en la universidad conmigo.

—No. Por favor, para el coche y me bajo.

—Así no podemos seguir. Te pasas el día con las amigas y tú tienes que estar conmigo.

¡Qué pesado! Tenemos los dos veintidós años y me habla como si viviéramos a principios del siglo XIX.

—Por favor, déjame ahí. Habíamos quedado en venir juntas al examen. Se habrá sorprendido de no verme subir al bus.

Bueno, no se habrá sorprendido. Se habrá imaginado que Lucas me ha pasado a buscar. Marga no tiene novio y está encantada.

—A las dos estaré en el *parking*. Te espero, me cuentas qué tal te ha ido y te llevo a casa.

—Mejor no, vete tranquilo. Si nos sale bien, iremos a tomar algo.

Mónica salta del coche sin esperar más «recomendaciones» de buen comportamiento. Decenas de estudiantes bajan del autobús y la joven bucea entre la multitud hasta que encuentra a su amiga, y corren muertas de risa hacia la Escuela de Arquitectura, escondiéndose del novio de Mónica.

El chico tiene veintidós años. Nació y vive en un pueblo pequeño. Sus padres trabajan en la ciudad, los dos.

Él tuvo suerte y pudo estudiar en un colegio muy bueno. Es buen estudiante, pero se compara con ella y se siente en desventaja. Esto lo pone nervioso. Es más, lo altera. Encima, todavía ella no se ha borrado de canto. Por eso, hoy el asunto en cuestión lo pone de mal humor para todo el día. Solo está deseando volver a hablar con Mónica para decirle que «si quiere que seamos novios, así no puede continuar».

Acabado el examen, que ha sido verdaderamente difícil, Mónica sale del aula muy contenta. Cree que lo ha hecho todo bien, que no se ha equivocado en casi nada. Marga también sale contenta. Otros no tanto, pero deciden ir a celebrarlo igualmente a la ciudad.

Mónica enciende el móvil para escribir un wasap a su madre. Quiere avisar que llegará un poco más tarde a comer porque se queda con sus amigas en la ciudad. Entonces ve el wasap de Lucas: «¿Dónde estás? Estoy en el *parking*. Te espero». Contesta: «Me voy con los de clase. Hablamos a la noche». Cuando su madre le contesta: «OK Mónica, pásalo bien» pone el móvil en silencio.

Están sentadas al sol, en el césped, en una de las plazas más grandes de la ciudad, con canales, puentes, jardines, estatuas. Mónica saluda contenta, con un fuerte silbido y levantando los brazos, a su hermano, que está patinando con unos amigos.

—¡Hasta luego, Moni! —grita su hermano, al tiempo que pasa a toda velocidad junto a ellas.

Llega Teresa; estudia Filología y vive en el mismo pueblo que Mónica. Sus padres son socios: regentan juntos una pequeña imprenta. Se conocen desde niñas. Las dos son morenitas, llevan flequillo, visten parecido. Hay quien dice que parecen hermanas.

—¡Hola, chicas! ¿Cómo os ha ido el examen de hoy?

—Ahí, ahí. No estuvo mal.

—¿De qué hablabais las dos tan seriecitas?

—Del novio de Mónica. Cada vez está más raro.

—Lucas me da miedo. No soporta que salga con vosotras.

—¿Miedo de qué?

—No lo sé. Cuando lo dice me da miedo.

—Pero ¿vas a venir con nosotras al viaje?

—Sí, ¡claro!, pero no se lo he dicho aún. Se pondrá como una hidra.

Marga, una chica realmente guapa, con gafitas de sol y vestida con ropa de marca, inmediatamente quiere intervenir en la conversación para explicar cuál es su postura ante los chicos. Habla muy deprisa.

—Yo no pienso tener novio. A mí los hombres, cuando ya estás con ellos en pareja, me dan miedo. Solo quieren que hagas lo que ellos quieren. Mi padre, ahora quizá no pasa tantas veces, pero cuando yo era pequeña pegaba y pegaba a mi madre por todo. A la hora de comer, nada estaba bueno; nada estaba de su gusto.

—¿Tu madre guisaba muy mal?

—Nooo. Es que daba igual un flan que un pollo al horno que unos espaguetis a la carbonara. Tiraba los platos, la ensaladera; todo lo que había sobre la mesa volaba hacia la puerta de la cocina y, al final, nos insultaba a todas, a las tres hermanas, y le pegaba dos o tres bofetadas o empujones a mi madre; y él se iba a dormir la siesta ¡tan tranquilo! ¡Te toca uno así! Cuando alguna vez ha vuelto a pasar, he deseado tener el valor de Anna Magnani en *Amarcord* de Fellini, ¿os acordáis?, y ser yo la que tira del mantel.

—Mis dos hermanas —dice Mónica— tampoco aguantan a Lucas. No quieren que salga con él.

Teresa se pone sus gafas de sol y mira hacia al fondo de la plaza. Piensa en que a ella, sin embargo, le encantaría que en ese momento apareciera el chico que le gusta. Sería felicísima. Es un chico muy bueno, muy dulce, pero fuma mucho hachís. Siempre está liando cigarritos y encendiendo el mechero y bebiendo cerveza. Ella todo eso lo sabe. Igualmente, con verdadero interés por su amiga Mónica, le pregunta:

—¿Desde cuándo salís juntos?

—Pronto hará un año. Pero sería mejor que lo dejáramos. No nos va bien, nos pasamos el día peleando. ¡Es tan posesivo!

Capítulo 2

Una mujer de unos cincuenta años entra con aire despistado en los juzgados. Ha sido requerida para prestar declaración en el caso L. R. Declara que, como psicóloga, atendió a este joven, hoy acusado de homicidio, a finales de septiembre del año anterior.

—Recuerdo poco el caso. Nada me llamó especialmente la atención. El chico me contó que estaba muy triste y angustiado desde que había roto con su novia. Le expliqué que era el dolor del duelo por la ruptura, que debía estar tranquilo, intentar distraerse con otras cosas, no quedarse aislado rumiando; asumir que la vida es así, que a todos nos han dejado alguna vez. Nada más. Fijamos una fecha para volver a vernos en consulta pasados quince días, pero el chico no volvió.

El juez insiste en preguntar:

—¿Le dijo por qué había decidido ir al psicólogo?

—Sí. Se lo habían pedido sus padres. Le propusieron

que fuera al Servicio de Atención Psicológica de la universidad.

—¿No hizo ningún comentario que pudiera hacer temer un acto violento?

—No, solo hablaba de su necesidad de estar con ella.

—¿No percibió entonces, como psicóloga, indicio alguno?

—No. Era un chico joven, triste y muy angustiado por una ruptura amorosa.

—¿No valoró derivarlo a Psiquiatría para que le dieran alguna medicación específica que atenuara su angustia?

—No en ese momento. Si lo hubiera visto muy alterado, lo habría derivado. Vemos muchos casos de chicos y chicas con este cuadro.

—Supongo que sabe que el presunto homicida consultó o pidió ayuda a otros psicólogos.

—Sí, lo he sabido *a posteriori*. Muchos pacientes, cuando lo que les dices no coincide con lo que ellos quieren oír, se buscan otro psicólogo.

La psicóloga abandona el edificio. Mientras camina por la acera, deslumbrada por un amable sol de marzo, repasa sus respuestas ante el juez y piensa en la complejidad del tema en sí mismo, pues también hay psiquiatras que opinan que cuando alguien mata, en principio, muy bien de la cabeza no está. Sin embargo, la mayoría de las personas que «no están bien de la cabeza» no matan a nadie ni hacen cosas violentas. Cuando alguien mata, comete un delito. La defensa suele buscar eximentes en la salud mental, como antes se buscaban en el alcohol, las drogas o la pasión. Este es un caso de asesinato por violencia de género, sin otro motivo ni detonante que el de ser una mujer con la que hubo o se busca tener un determinado vínculo afectivo o sexual y que no hace lo que este hombre desea, en este caso su exnovia, y por ello «si no quieres estar conmigo, te mato».

Capítulo 3

Al llegar a casa, le cuentan que Lucas ha llamado dos veces preguntando «¿dónde está Mónica?», enfadado porque «no contestas» a sus wasaps ni a sus llamadas. Mónica mira el móvil y ve ocho wasaps más dos llamadas de Lucas y un wasap de su padre: «Mamá llegará tarde del hospital. Os invito a cenar *pizza* esta noche». Mónica escribe un wasap a Lucas: «Salgo a cenar con mi familia. Hablamos mañana». Lo escribe sin leer siquiera los otros anteriores de Lucas, larguísimos, llenos de quejas, ¡qué aburrimiento! No se imagina ni casada con él ni días enteros a solas con él.

Cuando está a punto de quedarse dormida, se da cuenta de que quiere librarse de este chico. Empieza a tenerle miedo.

Se despierta, mira el reloj, son solo las cuatro. Echa un vistazo a los wasaps. Él ha seguido mandándole mensajes: «Deberías estar conmigo, no con tu familia cenando», «siempre haces lo mismo: me ignoras», «sufro mucho con todo lo que me haces».

Al día siguiente, por fortuna, es sábado, y Mónica va con su familia a visitar a un hermano de su madre que vive en la montaña, casi en la frontera. Su madre es enfermera en el Gran Hospital. Hace muchas guardias y es raro poder estar todos juntos todo un fin de semana. Pasan dos días maravillosos paseando por la orilla del río, escuchando el mugido de las vacas. Mientras van de acá para allá que si a comprar un recuerdo a la tienda de artesanía, que si a por unos quesos donde unos vecinos de su tía, Mónica toma la decisión.

El domingo quedan a última hora de la tarde. Ella elige intencionadamente una cafetería de su propio pueblo para poder regresar andando a su casa. Nada más sentarse, a bocajarro, antes de que venga la camarera, él suelta todas las frases del «sermón», el eterno discurso que ella ya no soporta. Cuando él repite por enésima vez la frase de «si sigues así sin hacerme caso, saliendo con tu familia, con tus amigas, yendo a canto, lo dejamos», enfadada, casi gritando, le dice que no quiere seguir saliendo con él:

—Eres tremendamente controlador y posesivo. No puedo estar con alguien así.

Él golpea la mesa, rabioso.

—¡Solo te estoy pidiendo que te comportes como una novia y que no vayas ni a clases de canto ni al coro con toda esa gente!

Todo el mundo la mira. Mónica se marcha andando a su casa. Al doblar la esquina, se encuentra con el patinador, su hermano pequeño. «¡Uf! Es lo mejor que me ha podido suceder, así no vendrá detrás», piensa. A Mónica le suena el móvil. Mira. Es Lucas, pero ella no responde.

Antes de dormir, Mónica les cuenta a sus hermanas todo lo que ha pasado y las dos aprueban que deje a este chico, pero la aconsejan que esta vez sea de verdad, que no dé marcha atrás, que no le conviene, que es un machista que solo piensa en dominarla.

«¡Es tan posesivo!», se repite Mónica una y otra vez.

Capítulo 4

Lucas se repite una y otra vez: «La convenceré de que sigamos siendo novios».

Al salir de clase, se encuentra con su grupo de amigos más cercano y comenta que Mónica y él han roto, pero cuando empieza a hablar sobre el tema, se da cuenta de que se siente prisionero de Mónica y eso lo irrita sobremanera. Los comentarios de sus amigos le suenan como dichos por un tribunal que le juzgara y empieza a mentir sobre sí mismo. Busca la aprobación de sus colegas y nota que no la encuentra.

—Tío, es que te pasas mucho.

—¡Venga a escribirle wasaps con esto y con lo otro!

—Además, eso no funciona. Con las chicas tienes que hacer como que no te importan y entonces vienen como corderitos.

Lucas se pone a la defensiva:

—Si con todo lo que la quiero me deja, entonces ¿ya no soy nadie para ella?, ¿no valgo nada?

—Anda, Lucas, no dramatices.

Lucas siente que la cabeza le da vueltas y calambres en el estómago. Él mismo se autodestruye, se machaca lentamente, como se hacía con los granos de café en los antiguos molinillos de madera; esas cajitas con una manivela de hierro y un minúsculo cajón donde caía el café molido. Ahí cae su rabia.

Al mismo tiempo, Mónica va en el bus y escucha la conversación que mantiene una pareja a su lado. Tienen su misma edad: veinte años. Por el habla parecen mexicanos, y ella muy seria le dice:

—Ayer me dabas miedo, pensé que ibas a pegarme. Todo porque no soportas ir con mi familia a cenar.

«¡Qué locura! La misma frase se oye por todas partes», piensa Mónica. Se le ha quedado tan grabado que se lo comenta a Teresa nada más verla.

—Locura tampoco. Los chicos están convencidos de su derecho a «exigir» que te quedes con él; si le diste el sí hace unos meses, ahora no te puedes «rebelar» contra él. Muchos lo viven de esta manera. Y ese «querer mantener el poder» sobre la mujer no es consecuencia de una enfermedad mental, sino de una enfermedad cultural arraigada en la sociedad en la que vivimos.

—Antes, cuando discutíamos, yo me enfadaba, incluso lo insultaba para que me dejara en paz, pero ahora le tengo miedo.

—El miedo es un aviso. Ándate con cuidado.

—¿Qué puedo hacer?

—Habla con tus padres; son gente muy abierta, muy comprensiva. Te podrían ayudar. De momento, tal vez, lo mejor sería denunciar el acoso.

—Me da miedo que se suicide.

Capítulo 5

Después de que Mónica haya sido asesinada, Teresa vuelve a recordar aquella larga conversación que mantuvieron juntas aquel día en la piscina. Nunca pensó, ni por asomo, que Mónica moriría en diciembre. Le parece que todo ha ido demasiado rápido. Está consternada. Ya es inevitable, no se puede hacer nada: está muerta. Hablaron de libros, de buscar en los libros referencias, personajes celosos, mujeres sumisas, mujeres rebeldes, argumentos para entender las desiguales relaciones entre hombres y mujeres, la violencia.

Teresa enseguida todo lo lleva al terreno de la literatura. Considera que en el mundo de la ficción puedes encontrar herramientas para entender, para saber responder, esquivar o incluso huir. La novela *En busca del tiempo perdido* de Marcel Proust, publicada entre 1913 y 1927, es un auténtico estudio sobre el amor y los celos. Son, en total, siete tomos donde el narrador disecciona el tema hasta el último detalle. Los dos protagonistas masculinos sufren terriblemente por desamor y celos, y nadie golpea físicamente a nadie; en toda la trama no hay ni un golpe, ni un cuchillo ni un revólver.

Justo al salir de la piscina vieron pasar cabizbajo a Lucas, cargado con las bolsas de la compra y acompañado por sus padres. Mónica y él se saludaron de lejos.

Al día siguiente, nervioso, en las escaleras de la universidad, Lucas le propuso a Mónica: «Seamos amigos, al menos».

Hoy podemos pensar que Mónica debería haberse negado a otro encuentro, aunque este fuera de carácter amistoso, con cualquier excusa tipo «veremos más adelante». Seguramente no hubiera valido de nada y, sin tampoco saberlo, retrasó unos meses su muerte.

Mónica cayó en una trampa iluminada con grandes luces de neón rosas y azules, como esas luces fluorescentes con las que se anuncian los moteles de carretera americanos, donde podía leer que él la amaba, que ella era todo para él (¡todo!) y que sin ella él podría suicidarse. Quería librarse de él, pero se creía lo que él le contaba.

¿Desde cuándo una persona que te ama te espera en la oscuridad agazapado en su coche con un cuchillo de cocina?

Cuando se separa de su amiga Marga —desde que murió Mónica se ven aún más que antes—, Teresa piensa que sería bueno que los chicos leyeran en la escuela novelas que les abrieran los ojos a que no son ellos ni los primeros ni los únicos hombres rechazados por una mujer en la historia de la humanidad. Por ejemplo, *El jardín de los Finzi-Contini* (1962), de Giorgio Bassani, también escrita por un hombre, donde el protagonista, un joven judío de clase media en la Europa previa a la II Guerra Mundial, es rechazado por una joven rica, judía como él. El padre del chico le aconseja que la olvide. Le asegura que se le pasará, que dejará de sufrir mucho antes de lo que se imagina y le pide que no visite más la casa de la familia Finzi-Contini.

Capítulo 6

La relación, aunque esporádica entre ambos, ahora bajo la máscara teatral de la amistad —una máscara hecha de odio por parte de él y de hastío por parte de ella— seguía descarrilando con los wasaps de control, las quejas y las discusiones. Lucas alimentaba la idea de que, de alguna manera, «salían juntos» y pronto «podrían volver a ser novios». Exigía respuesta a sus wasaps; no permitía que Mónica lo ignorara durante unas horas. Usaba su sufrimiento por el «abandono» para manipularla.

«Nadie de nosotras pensó que la mataría —piensa Marga—. Solo habían salido juntos un año. Era muy controlador; la perseguía, la acosaba: estábamos juntas en una cafetería y aparecía.

»Mónica callaba mucho. Ahora que ya no tiene solución pensamos que de lo más grave no nos contaba nada. Tampoco nos explicó qué había visto o percibido de peligroso en él realmente. Ahora que está muerta entendemos por qué le tenía tanto miedo y por qué nos lo repetía continuamente. La proximidad física, la intimidad con una persona, ofrece una información exclusiva a la que el resto no tenemos acceso y a la que hay que estar atento».

Capítulo 7

Lucas, desde la ruptura, anda ensimismado. No habla apenas con sus padres ni con su hermano; pocas veces sale con los amigos. Se siente mal. El hecho de que todos sepan que Mónica lo ha dejado lo humilla de tal manera que siente cierta presión en las sienes. El rechazo de Mónica invade todos sus pensamientos; sobre todo le genera vergüenza. Y la vergüenza es una emoción complicada de resolver. Tiene la sensación de que sus amigos lo miran como si estuviera trastornado o simplemente como si fuera un poco memo, enganchado a una chica porque sí. Sí, esa chica va a su lado, pero no exactamente: ella va delante, él detrás de ella. Él sabe que para sus amigos hace el ridículo.

Al salir de la biblioteca, sus amigos lo paran:

—¿Vienes a tomar una cerveza?

—Había pensado irme ya para casa. Me duele la cabeza.

Lucas siente que entre ellos se cruzan miradas de complicidad. «Les doy pena», piensa. Va como un autómata; se deja guiar, como si sus amigos fueran perros pastores y él una oveja del rebaño. Sentados a una mesa, Lucas permanece callado y escucha sus comentarios:

—Me han regalado por mi cumpleaños un videojuego nuevo. ¡Súper!¡Unos gráficos!

—¿De qué va?

—Se llama *Vampiras*. Para pasar de juego tienes que ir matando vampiras. Estas mujeres vampiro te salen por cualquier sitio, a veces incluso disfrazadas de hada, pero son malas. No vale meterlas en la cárcel o en una bodega, ni irte por otro camino. Para poder pasar tienes que matarlas.

—¡Qué bueno! Invítanos una tarde a tu casa y jugamos un rato. Me acuerdo de un videojuego en el que había un mono que llegaba a una casa y se acostaba con la mona, y zas, el juego te echaba atrás. Una y otra vez, y no pasabas. Hasta que descubrías que para avanzar el mono tenía que ponerse el preservativo. Eran juegos superingenuos comparados con los de ahora.

—Este de las vampiras te engancha porque las camufla de mujer alienígena, de artista, de *geisha* japonesa, y luego son malísimas. Te dan de beber un licor que te convierte en una araña peluda o te tiran un camión encima o han minado todo el camino a la oficina; cosas así. Para ganar la partida, tienes que ser rápido matando.

—¿Funciona en partidas de multijugador en línea?

—Sí, pero como entre a jugar alguna chica estás perdido. Cuando pasa, siempre es una de esas feministas que por todas partes ven un ataque a la mujer y te joroban el juego.

—¡Jorobar, dices! Te dan la tarde con la doctrina: que si somos machistas, sexistas, que si el patriarcado. Se fijan en que la chica está en bikini o desnuda en el desierto ¡qué más dará, si es un juego!

—En este juego de vampiras no entran chicas a jugar; a veces sí, pero es raro. En otros juegos hay muchas y son buenas jugadoras, pero hay tipos que se ponen muy groseros y desagradables. Atacan rabiosos contra ellas, precisamente porque juegan bien, para que abandonen. Todo acaba en insultos. Les gritan «perras» o «vete a fregar platos», y las chicas se suelen salir.

—A mí ese ambiente tan machista no me gusta.

—A mí tampoco.

—A mí me hace gracia.

—Estás muy callado, Lucas. ¿Qué pasa? Di algo.

—Nada. Los videojuegos ya no me atraen mucho.

Lucas se va para casa. Intenta pensar en sus cosas, en sus exámenes, en el ruido que desde hace un tiempo oye en el motor del coche y, por tanto, en que sin tardar mucho debería pasar por el mecánico, pero no puede quitarse de la cabeza que ella se ha cansado de él. Lucha consigo mismo para no dar patadas a las papeleras.

Al regresar, no puede evitar pararse diez minutos a dos manzanas de la casa de Mónica, una casita de tres plantas, con balcones y enredaderas que cubren casi toda la fachada. Mónica siempre hace el mismo camino cuando viene del bus. Sin dejar de observar el punto de la calle por donde Mónica podría aparecer, mantiene un monólogo, siempre obsesivo, consigo mismo; establece un diálogo entre el Lucas perdedor y el Lucas estratega:

—¿Qué hiciste mal, Lucas? ¿Qué podrías hacer para que ella volviera contigo?

—Dejarla en paz unos meses. Esta sería una opción inteligente.

—En ese tiempo podría echarse otro novio.

—Es un riesgo que deberías correr.

—No podría soportarlo.

—Debieras tener más confianza en ti. Ella al principio estaba muy contenta contigo. Mira cómo sonríe en las fotos.

—¿Qué lo estropeó todo? ¿Cuándo lo estropeaste todo?

—Pidiéndole que no saliera con sus amigas. Pero es que su lugar es estar conmigo. Y esas amigas suyas no quieren que salga conmigo. No les gusto. No les caigo bien. Le hablan mal de mí.

—Deberías esperar, Lucas. Las mujeres te hacen más caso si las ignoras; con la sinceridad no llegas a nada.

—Pero ya ni duermo ni estudio. Voy a suspender todo. Y ella seguro que acaba estudiando canto. Otro tema en el que no hace lo que le pido.

—¿La llamo ahora? Y si está en casa puedo invitarla a comer.

—¡Venga, llama! [No contesta].

—¿Te habrá bloqueado en WhatsApp?

—Puedes decirle que te ayude, que estás muy triste, que vas a suspender, que sea tu amiga. Dile que tú quieres ser su amigo.

—Sí, esta idea es la mejor, porque necesitas verla y esperar te resulta imposible.

—Lo que no vas a poder evitar es que cuando acabe la carrera se vaya del pueblo. ¡Ya no sois novios!

—Lo sé. Tengo que dar con una buena estrategia.

Lucas esa noche no logra conciliar el sueño. Por la mañana, se asoma al balcón no para contemplar precisamente la calle aún silenciosa, sino el abismo que, como el alba, se abre ante él. Ha tomado la decisión de llegar hasta el final, de recuperar a Mónica solo para él.

Capítulo 8

La monotonía con la que transcurren los días en el pueblo de Marga, donde viven alrededor de siete mil personas, se rompe con una tragedia. «Un hombre mata a su mujer y sus dos hijos con un cuchillo; luego intenta suicidarse» son los titulares que aparecen en la prensa. El hombre era un trabajador de la fábrica de papel. Vivían a las afueras del pueblo en una barriada humilde; nadie los conocía. Discutían mucho. La golpeaba brutalmente. Cada tanto, venía la policía avisada por los vecinos. La mujer había puesto varias denuncias. Él incumplía sistemáticamente la orden de alejamiento. La noticia no resulta novedosa ni impactante en sí misma. Se repite idéntica continuamente; solo cambia en si la familia es de origen inmigrante o no, el número de hijos y si el homicida intentó o no suicidarse después.

Ese crimen reactivaba el miedo de Mónica a Lucas y el miedo de Marga a los hombres, en general. La familia de Marga vivía una situación similar, aunque su madre nunca había interpuesto denuncias por maltrato. Ni siquiera cuando su marido la empujó por las escaleras y se rompió el brazo.

La noche siguiente al asesinato de esta familia, Marga se queda a cenar y dormir con Mónica. El ambiente que impera en casa de su amiga, los padres siempre simpáticos y cariñosos también con ella, hacen que Marga allí se sienta en un paraíso. Cuando ya todos duermen, acurrucadas bajo una manta, ellas dos proyectan acabar la carrera cuanto antes y marcharse del pueblo. Se ilusionan con la idea de vivir en la capital o en alguna ciudad grande. Lejos.

Mónica está tan angustiada por la actitud controladora y manipuladora de Lucas que marcharse, poner tierra de por medio, le parece la mejor solución. Sabe que, si cuenta todo en casa, porque sus padres no saben *todo* lo que sufre Mónica, la apoyarán hasta que encuentre un trabajo. Marga, sin embargo, a pesar de que su padre es director de una oficina bancaria, sabe que no tendrá ningún apoyo. Al amanecer, mientras Lucas repta por un túnel oscuro, ellas dos se quedan dormidas tras darse cuenta de que su proyecto de irse del pueblo en unos meses es difícil de llevar a cabo.

Mónica solo conocerá al auténtico Lucas durante la última media hora de su vida, justo cuando él la mata. Conocerá de verdad a Lucas tal cual es y no a ese que se esconde tras una máscara de timidez y amenaza con suicidarse si ella no está con él. ¡Cuántas veces la chantajeó con «¡si no haces lo que te pido me suicido!» y, sin embargo, ni siquiera lo intentó tras cometer un crimen tan horrible.

Ahora, en la cárcel, lo vigilan veinticuatro horas al día por riesgo de autolesiones. Marga y Teresa especulan sobre qué máscara usará Lucas con los otros presos, ante el juez, ante sus padres.

Capítulo 9

Una mujer más bien gruesa, de baja estatura, con el pelo cortado a cepillo, elegantemente vestida, entra en los juzgados. Es otra de las psicólogas que atendió a Lucas. El juez le hace exactamente las mismas preguntas que a su colega unos días antes. La psicóloga apunta que era un joven muy hermético. La conversación no fluía y confió en avanzar en la siguiente visita. El joven tampoco volvió por su consulta nunca más.

Cuando faltaba solo un mes para que descargara sobre Mónica toda su ira y agresividad, justo al salir de la consulta con la segunda psicóloga, Lucas se cruza en la plaza con uno de sus amigos de siempre, pues estudiaron en el mismo colegio y hoy juegan en el mismo equipo de fútbol.

—¡Vaya cara que llevas, Lucas!

—Salgo del psicólogo. Iba pensando en mis cosas.

—¿Te ha ido bien? Dicen que ayuda tener alguien que te escuche.

—Es mujer, es una psicóloga, y creo que las mujeres no alcanzan a entender cómo vivimos los hombres el que una mujer nos plante o nos humille.

—¿Por qué te obsesionas tanto con una chica a la que apenas te une nada? Hay cientos de chicas estupendas con las que establecer relaciones amorosas. Este país no es como el paraíso: un jardín donde solo estaban Adán y Eva, y si Eva no le hacía caso a Adán, no le quedaba otra alternativa que liarse con la serpiente.

—No le veo la gracia a tu comentario. Estoy francamente mal. Hace días que no duermo.

—Está bien que vayas al psicólogo o la psicóloga, me da lo mismo. No dejes que la serpiente te inocule su veneno. Tienes muy mala cara. Estás verde.

—Vale, nos vemos otro día. Voy para casa. Tengo que recoger el coche en el mecánico.

—¿Si subimos todo el grupo a la montaña te llamo?

—No. ¡Hasta luego!

Capítulo 10

Los noes de Mónica se repiten; cuando no es en persona es por wasap o con su silencio. Todo esto va tensando los mimbres con los que está hecho Lucas. Él mismo se mira cada tanto en el espejo del baño o en cualquiera de los espejos de su casa y ve un Lucas flaco, de rostro cetrino, con cara de pocas bromas. Su actitud ausente llama la atención de sus padres. Le preguntan por Mónica, por cómo lleva él la ruptura. Él se encoge de hombros con indiferencia, pero le tiembla la barbilla. Le aconsejan que espere un tiempo a ver qué pasa. Le piden que visite al psicólogo. Todo aparenta un desamor al uso. Nadie en su casa intuye la tragedia. Ninguno de sus padres capta que la sangre que corre por las venas del chico tiene color piel de león y la textura de la tierra colorada.

Su hijo se esconde y prepara el plan B. Si Mónica no acepta el plan A (volver a ser novios) pondrá en marcha el plan B: matarla. No puede soportar que ella no sea solo para él. Estas mismas palabras las repetirá en todos los interrogatorios. Reconocerá ante el juez que fue él quien la mató, no un avatar construido para que ejecutara sus órdenes.

Lucas intentará frente al juez recordar lo que pasó esa noche: Mónica le dijo que no, que estaba harta de su insistencia. Aunque lo había preparado todo y llevaba con él todo lo necesario para matarla fríamente y deshacerse del cadáver en la oscuridad de la noche, contará que en el último momento lo invadió una ira volcánica desmesurada y luego de acuchillarla muchas veces dejó el cadáver tirado en la acera; de todo ello solo guarda en la memoria unos pocos *flashes* de lo sucedido.

Capítulo 11

Sus tres amigos se plantean el tema de ir a visitarlo a la cárcel. No saben siquiera si podrán ir o si tendrán que esperar unos meses, pero visiblemente afectados hablan sobre ello.

—¡Jamás pensé que Lucas pudiera hacer algo así!

—Estaba muy obsesionado con ella.

—Quizá deberíamos haberlo pensado, porque no es el primero ni el último que mata a su novia por celos o lo que sea.

—¿De qué hubiera valido que lo pensáramos?

—Pues le van a caer veinte o veinticinco años.

—¿Tantos, tú crees?

—Bueno, luego cumplen menos.

—Nunca entendí que estuviera tan obsesionado. A mí me dejó mi novia y me agarré tal borrachera que estuve malo una semana y cuando se me pasó ya no me acordaba de ella.

—Nosotros sí nos acordamos de aquella borrachera, ¿verdad?

—Fue memorable. ¡Y qué cosas decías borracho de aquella tipa!

—A las mujeres no hay que sobrevalorarlas tanto. Que Lucas haya arruinado su vida por esta chica es increíble; además de ser un criminal, es un imbécil.

—No sobrevaloramos a las mujeres. Yo pienso que somos mucho más capaces que ellas para todo: para ir a la luna y para escribir poemas, pero eso sí, queremos que hagan lo que nos gusta. Eso es así.

—La última chica con la que yo salí se moría por esquiar y a mí no me gustan los deportes de nieve, pues cada tanto se iba a esquiar con sus amigas y a mí me llevaban los demonios. Bronca va, bronca viene. Me dejó. Y es verdad que un día que nos peleamos la empujé y se cayó al suelo. Por suerte, no se hizo nada.

—Los tíos tenemos que entender y asumir que la ley está ahí para algo. La sociedad no te mira demasiado mal si pegas a tu novia y los amigos no te dejan de hablar, pero te caen años de cárcel.

—Pero es que las chicas te sacan de tus casillas con eso de «me voy a esto», «me voy a lo otro», «me voy de viaje», «tengo una cena». Te van a engañar con otro ¡seguro!

—Pero Lucas se ha vuelto loco, no sé.

—Algo así ha declarado.

—La verdad es que cuando pienso en cómo la mató y la de golpes y cuchilladas que le dio, no creas que me apetece mucho ir a visitarlo.

—De momento, yo no voy a ir. Tampoco quiero yo tener una foto con Lucas en la cárcel y luego tener que escuchar en la universidad «¡ah! fuiste a visitarlo, salió en el periódico».

—¡Es verdad!

—En cuanto pase un poco de tiempo ya no se acordará nadie de este caso. Entonces ahí veremos.

—Yo, si él saliera mañana libre, por ejemplo, no lo querría ver tampoco.

—No va a tener muchas visitas. A todos nos va a pasar lo mismo.

—Hombre, yo, con lo que ha hecho Lucas, he aprendido que debo contenerme, porque me pongo furioso con las chicas cuando creo que me van a engañar con otro. Pierdo los papeles. Pero claro, mi padre funciona igual. Yo hago lo mismo que él. Mi madre se esconde aterrorizada, y eso lo he vivido en casa desde niño.

—Mi padre también es así con mi madre: «¡Pareces tonta, mejor que estés callada!». Y luego va uno y le suelta la misma frase a la novia. Y la novia se pone los esquís y te manda a la mierda.

—Estos cambios dentro de las relaciones de pareja van muy deprisa para nosotros. Lo que hay hoy no coincide con lo que hemos vivido en casa, donde nuestros padres no dejaban opinar a las mujeres de nada y ni mucho menos de fútbol.

—Es que ahora las tías quieren jugar como Messi, y luego las feministas dicen unas tonterías.

—Cierto, cierto. Ni un chiste puedes contar.

—Ya, pero si te cabreas y le das con el casco de la moto, te pone una denuncia en comisaría y ya empiezas a tener problemas, que si orden de alejamiento...

—Pues Lucas parecía muy bueno. Nunca dio señales de ser violento, y mira.

—Yo me lo imagino con el cuchillo y me pongo malo, me desvelo. La chica era muy dulce y muy maja.

—Está claro que, de momento, ninguno queremos ir a visitarlo a la cárcel, creo yo.

—No.

—No.

Capítulo 12

Marga sale de la universidad. Espera acabar pronto la carrera y camina hacia la plaza principal para encontrarse con Teresa. Marga no abandona el plan fraguado con Mónica antes de su muerte: marcharse lejos. No soporta por más tiempo a su padre y la violencia cotidiana que hay en su casa. Valora la posibilidad de trabajar durante el verano como camarera y ahorrar. Piensa que le será fácil; sabe que es guapa y habla varios idiomas.

—Hola, Teresa.

—Al pasar por delante de la cervecería Maravillas, ¿viste a los amigos de Lucas?

—Sí.

—¿Qué pensarán ellos de todo esto?

—Uno de los tres es muy machista, el rubio, el que salía con la esquiadora; los otros dos son bastante normales.

—Yo alguna vez que he ido con Mónica a verlos jugar algún partido siempre gastaban alguna broma quejándose del movimiento feminista. Lucas, sin embargo, no decía una palabra.

—Para los chicos, aceptar que nosotras no somos «suyas», manipulables, obedientes, calladas, es una gran pérdida.

—Sería bueno que nos entendieran, que nos entendiéramos, porque hay chicos estupendos, que ya no son posesivos de igual manera que antes, ni autoritarios. Pero, por ejemplo, muchos *youtubers* en internet nos machacan continuamente.

—Bueno, ya sabes que yo personalmente tengo miedo a los hombres. Pero es una cuestión personal, por mi padre; solo pensar en verme encerrada en una habitación con un tío y empiezo a sudar. Tengo un trauma clarísimo ahí. En casa, todas entramos en tensión en cuanto oímos que mi padre mete la llave en la cerradura.

—Mis padres son normales. Los dos trabajan y no discuten habitualmente. Es cierto que cuando vamos todos en el coche, siempre conduce él; no se fía de mi madre ni de mí. Hay cosas que no delega jamás en mi madre, como, por ejemplo, la declaración de la renta, y mi madre es anestesista.

—¿Tú crees que tener estudios mejora las cosas? En esto del maltrato a la mujer y los hijos, quiero decir.

—En teoría tendría que valer, pero yo creo que cuenta más la ideología y la familia donde hemos sido educados. Si hay respeto, todos se quieren y nadie pega a nadie, eso se aprende.

Los amigos de Lucas pasan cerca de ellas y, cabizbajos, se acercan a saludar:

—Seguro que estáis hablando mal de nosotros. Menuda nos ha caído con esto de Lucas. Ahora pagaremos todos por su culpa.

—No somos así las chicas; exageráis mucho. Pero el asesinato de Mónica ha sido terrible para todos, creo yo.

—La verdad es que sí. Ninguno de nosotros tres pensó que podría suceder algo tan tremendo.

—Nos ha pillado a todos desprevenidos; a vosotras también. Estamos en estado de *shock*.

—Pero la sociedad no cambia. En España, cada tanto, una mujer es asesinada por su pareja o expareja, y en el resto del mundo más de lo mismo. Y apenas da resultado que ahora las mujeres tengamos más derechos y mayor protección por parte de la policía en caso de acoso o amenazas.

—Bueno, a nosotros la actitud y el discurso de las mujeres hoy con respecto al hombre nos irrita bastante. Nos pintáis como monstruos egoístas, machistas, lobos camuflados de caperucitas.

—Los hombres exageráis mucho con todo eso, ya te lo he dicho.

Marga empieza a hartarse de la conversación amable y salta en tono desagradable:

—Vosotros cuatro ibais juntos a casi todas partes, y uno, mira.

—Dejémoslo. Estamos todos nerviosos y muy afectados. No queremos discutir con nadie. Lucas ha envenenado todo.

Capítulo 13

Teresa se acuerda del cuento *Los muertos* de James Joyce. Es un relato de base autobiográfica, publicado en 1914, en el que este autor irlandés narra una historia que vivió Nora, su compañera de toda la vida (nunca se casaron), antes de que ellos dos se conocieran. La joven Nora decide dejar su aldea y marcharse a vivir a Dublín. La noche anterior a su partida, en pleno invierno, el chico con el que solía ir a pasear y a pescar se coloca frente a su ventana bajo una lluvia gélida que lo empapa. Ella le pide que regrese a su casa, que está enfermo y puede morir, y él responde: «No quiero vivir». Nora, al día siguiente, se marcha y el joven muere al poco tiempo. Una historia de amor que al recordarla siempre encendió los celos de Joyce y, precisamente, con ese sentimiento de desasosiego, escribió uno de los mejores textos de su vida.

En *Ulises* (1922) —la obra cumbre de James Joyce—, el personaje principal, Leopold Bloom, sale de su casa por la mañana para ir a un entierro y luego, durante el resto del día y parte de la noche, deambula por las calles de Dublín porque no puede regresar hasta que no se haya ido el amante de su mujer. El autor va desvelando actos, secretos y pensamientos inconfesables de sus personajes y en la novela nadie piensa en golpear o matar. «¡Y James Joyce —se dice Teresa en voz alta— era un hombre nacido en 1882 en la Irlanda católica y que estudió en los jesuitas! ¡¿Cómo es posible que Lucas haya asesinado a Mónica en el año 2023 porque ella no quería salir con él, ya no quería ser su novia?!»

Marga saca de su mochila un periódico y le comenta a Teresa:

—La defensa quiere probar que Lucas sufre algún tipo de trastorno mental para que en el juicio le caigan menos años de condena.

—El juez aplicará la ley. Para nosotras, lo único que cuenta es que Mónica está muerta.

—¿Te acuerdas del cabreo que se pilló Lucas cuando Mónica le dijo que nos íbamos de viaje?

—Uf, sí. ¡Y eso que ya no salían juntos!

—¡La de wasaps que le pudo mandar en una semana!

—Si Lucas nos hubiera visto hablando y riendo con todos los actores del grupo de teatro, bebiendo en aquella calle que estaba llena de bares, no sé qué habría hecho ya en ese momento.

—Tras la muerte de Mónica, recordar ese viaje siempre me consuela porque lo pasamos realmente bien. ¡Nos reímos tanto en el tren!

—¿Qué me decías antes de Lucas?, al principio de nuestra conversación.

—Lo tienen aislado en la enfermería de la cárcel. Temen que se pueda suicidar. ¿Tú crees que Lucas se podría suicidar?

Capítulo 14

Me tienen aquí aislado, en enfermería; temen que me pueda suicidar. Me han puesto un compañero de celda de unos cincuenta años que me vigila. A veces, pocas veces, pero sí, he pensado en suicidarme, pero no tengo nada a mano para poder hacerlo. Me asusta el juicio. Tengo en realidad miedo a todo: a los interrogatorios, al juicio, a pasar aquí veinte años o toda mi vida, a estar siempre tan solo, a los presos. A los otros presos les tengo mucho miedo: pienso que pueden matarme o darme una paliza. No quiero salir al patio. Me gustaría tener una flor o un pajarito. Creo que con un pajarito podría estar aquí toda la vida. Realmente no quiero salir de prisión; me supondría tener que enfrentarme al mundo. Si me dieran mañana la libertad, entonces es cuando me suicidaría seguro. Aquí no. Terminaré por acostumbrarme a estar aquí.

Siempre estuve solo. Mis padres trabajaban todo el día fuera de casa. Incluso si tenía fiebre y no podía ir al colegio, me dejaban solo. Su trabajo en la gestoría era lo más importante para ellos. Cuando me operaron de apendicitis, también me dejaron solo en el hospital. En casa no pasaba nada raro, nada malo en especial. Nunca me pegaron ni me castigaron, tampoco hacía yo nada malo. Lo único que era distinto a lo que suele suceder en otras familias es que mi padre, a veces durante varios meses, no nos hablaba. Se mantenía en un silencio casi religioso que terminaba haciendo que todos viviéramos como en una abadía. Nos desplazábamos de un cuarto a otro o al comedor o la cocina sin hacer ruido, sigilosos. No entendíamos lo que sucedía, pero nos manteníamos en estado de alerta. Mi madre era tal cual un personaje de Hitchcock (hablo en pasado porque sé que pertenecen a mi pasado y ya no volveré a estar en familia con ellos). Circulaba por la casa como si no pasara nada, pero si una tormenta cerraba el balcón con estruendo o entrabas en la cocina sin avisar, gritaba de pánico como la protagonista de *Los pájaros* o la chica de pelo corto de la película *Psicosis*. Sin embargo, este ambiente de suspense no duraba eternamente: un día, al volver del colegio, te encontrabas con que todo había vuelto a la normalidad. Los dos estaban sentados en la cocina, por ejemplo, hablando de que había que llevar a reparar la máquina cortacésped.

Nunca lo había pensado antes, pero tal vez mi padre mantenía un plan para volver loca a mi madre o convencerla de que estaba loca, no para luego encerrarla en un manicomio y quedarse con todo, porque el chalet en el que vivíamos era de mi madre, lo había heredado de sus padres; sino como venganza. Ahora bien ¿en venganza de qué?

Esta pregunta he tardado varios días en contestármela. Creo que pudo ser su venganza por tanto tedio; posiblemente mi padre la identificó como la culpable de que llevaran una vida tan aburrida. Lo cual era cierto: en aquella casa nos aburríamos muchísimo.

Cuando me hice mayor y ya podía salir y entrar libremente de la «abadía de Hitchcock», una de mis aficiones favoritas era ir a la montaña. Iba siempre con mis amigos, por eso el otro día me invitaron. La última vez que escalamos juntos fue el verano pasado, en los Alpes, pero empezó a nevar y nos desorientamos. Por fin, empapados, logramos alcanzar un refugio. La tormenta era impresionante. Eran las tres de la tarde y no se veía nada; la oscuridad era total.

El refugio era una cabaña metálica de color rojo. Simulaba un cofre y de lejos parecía flotar en la montaña. Tenía unas pocas literas y un ventanuco. Allí nos instalamos para pasar el resto del día y toda la noche; salir era impensable y muy peligroso. Estuvimos hablando hasta el amanecer de lo importante que era para cada uno de nosotros la libertad. Todos estábamos de acuerdo en que la libertad auténtica solo podía existir en un lugar como ese, sin ataduras y en plena naturaleza: entre la roca y el cielo.

Segunda parte

Capítulo 15

Teresa y Marga comparten ahora un piso en una pequeña ciudad europea. Nada más acabar la carrera, dejaron
atrás el pueblo y se decidieron a emigrar. Trabajan cada
una en lo suyo y están contentas. Marga sigue en su línea de no querer tener novio y Teresa ya se olvidó por
completo del chico de su universidad que fumaba porros.
Ahora sale con otro simpatiquísimo que trabaja como
veterinario en la clínica para perros y gatos que hay justo
en la misma calle donde viven ellas dos. Teresa es de las
que piensa que hay muchos chicos estupendos con los
que se puede ser muy feliz y que los hombres crueles y
violentos, por suerte, son solo una minoría.

Aún faltan meses para que se celebre el juicio de Lucas por el asesinato de Mónica. Los periódicos ya nunca
hablan del tema, pero Teresa, cada día que pasa, más
teme el toparse, en un futuro, con Lucas por la calle.
Sabe que la vida es muy larga, pero el tiempo pasa muy

deprisa. Dándole vueltas a esta inquietud, Teresa opta por exorcizar este demonio inventándose una vida para Lucas al salir de la cárcel en la que ella no pueda encontrárselo nunca.

Lo que sigue a continuación es ese relato narrado por Teresa, pero que simula estar escrito por Lucas.

Relato ficticio

Mañana seré el rey de la cárcel por un rato: todos me mirarán y me saludarán, aunque me presente desnudo. Mañana salgo. He pasado aquí casi veinte años; he cumplido la condena completa.

Desde el día en que me lo notificó mi abogado, he planificado incansable este momento. He dedicado todas las horas del día a que no quedaran cabos sueltos. Saldré, cogeré un taxi para que me lleve a una tienda de alquiler de coches; de ahí me iré a una comisaría y solicitaré mi pasaporte. Iré a comprarme una mochila y ropa nueva. Arreglaré mis asuntos en el banco (a la muerte de mi madre heredé parte del *chalet*) y me marcharé a la montaña. Durante unos días dormiré en un refugio pequeño que conozco. En estas fechas y entre semana no habrá nadie.

Cuando me den el pasaporte, me marcharé a otro país donde nadie pueda reconocerme.

Tiempo ha barajé mis posibilidades. Nadie quiso nunca saber nada de mí. Mis amigos de la universidad no vinieron nunca a visitarme. Mi hermano tampoco. Mi madre murió de cáncer hará cuatro años y mi padre, tras haberle diagnosticado una demencia senil, se fue al sur a vivir con su hermana.

Hoy, soy incapaz de presentarme ante alguien conocido o que pueda identificarme. Me derrumbaría si alguien me preguntase: «¿Tú eres aquel que mató a su exnovia?» Solo quedan dos opciones factibles para mí: el suicidio y la huida.

No casualmente, la huida y el suicidio se habrán de fundir en una canoa, tal cual la barca de Caronte, el barquero que transportaba en la mitología griega el alma de los muertos al inframundo, su morada final.

***

Tras aterrizar en Buenos Aires, tomé un avión a Iguazú y desde allí un autobús a San Ignacio Miní, en la provincia argentina de Misiones, en la frontera entre Paraguay, Brasil y Argentina. Había leído, de joven, que esta región sirvió de escondite a muchos nazis que huían de Alemania al acabar la II Guerra Mundial. De hecho, a siete kilómetros de San Ignacio, en plena selva, unos arqueólogos argentinos descubrieron entre la maleza un refugio nazi construido en el año 1940, diseñado para esconder a determinados miembros del ejército de Hitler si la guerra no acababa bien. El refugio consta de tres edificios de piedra con unos muros de tres metros de grosor: vivienda, depósito y centro de vigilancia, y nunca llegó a ser habitado. Todo ello me hacía pensar que había elegido el lugar adecuado.

San Ignacio es un pueblo de unos seis mil habitantes con casas de madera destartaladas por donde entran y salen las arañas y las víboras; gallinas por las calles, tierra colorada en los caminos. Emplazado en medio de la selva, a menos de tres kilómetros del Paraná, un río navegable con el agua de color piel de león por los sedimentos que arrastra y enturbian sus aguas, vive de los aserraderos. También están aquí las ruinas de San Ignacio Miní, las misiones jesuíticas guaraníes, lo que conlleva que cada tanto haya autobuses con turistas.

Precisamente aquí, en la puerta principal de acceso a las ruinas, pasados ya seis años de llegar a vivir a San Ignacio, me llevaría uno de los mayores sobresaltos de esta etapa. Ese día, cuando yo ya había pasado de largo y dejado casi atrás las ruinas, una voz masculina que no llegué a identificar me llamó por mi nombre. Continué mi camino como si no fuera conmigo y en el primer recodo, asustado, vomité.

Cuando llegué a este lugar, yo era un hombre muy delgado, de cuarenta y tres años, con poco pelo y la barba blanca, con gafas, y calzado con unas buenas botas de monte. Tenía dinero de sobra para vivir aquí cómodamente el resto de mi vida, pero decidí, por mi seguridad y para no dar que hablar, malvivir, ir tirando.

Di varias vueltas por el pueblo y terminé alquilando, casi por nada, no una habitación exactamente, sino un rincón tras una sábana, que hacía de cortina, a «un viejo que leía novelas de amor», como el protagonista de la novela del escritor chileno Luis Sepúlveda. Se las traía, a él también, el dentista que pasaba por San Ignacio muy de tanto en tanto. El viejo vivía de vender micos, papagayos y cotorras. Me enseñó el oficio y cuando él murió, yo seguí viviendo en su casa, cazando esos bichitos, como los llamaba él, y leyendo las novelitas de amor que llenaban los rincones de aquel galpón.

La gente del pueblo, al cabo de un par de años, dejó de ocuparse de mí. Tardó. Al principio, me seguían a todas partes con la mirada; más tarde, satisfechos de que no entablara nunca conversación con «sus» mujeres, se olvidaron de controlar mis pasos. Eso sí que lo tuve claro desde el principio: no volvería a acercarme a una mujer. Había comprobado que era capaz de matar con una rabia atroz y una crueldad para mí mismo —hasta aquel fatídico día— desconocidas y, por tanto, ignorando el cómo pudiera yo en un determinado momento reaccionar en un futuro, opté por no volver a tener relación alguna. Me limitaba a saludar tocándome el ala del sombrero.

Aprendí pronto que la presencia de una bandada de patos siriríes, un pato silbón de cara blanca, volando bajo y con su canto sirirí sirirí anunciaba lluvia. El agua siempre caía copiosa y suave de tal manera que daba tiempo a que las gotas se detuvieran sobre las hojas y luego se deslizaran al suelo lentamente, pero igual la lluvia terminaba siendo agobiante, pues era interminable; parecía no tener fin. Cuando después salía el sol, el aire era húmedo, pesado y pegajoso.

La tarde anterior a la muerte del viejo había llovido mucho. Los senderos de tierra eran puro barro blando colorado, y resbaló. No pudo levantarse y permaneció en el suelo muchas horas mojado, totalmente solo. Quizá tuvo suerte y alguna iguana bajó de su árbol para hacerle compañía.

Cuando me quedé solo en San Ignacio, ya era uno más en el pueblo. Eso me permitió relajarme un poco y no vivir en alerta. Me dediqué a leer aquellas novelitas que tenía el viejo guardadas y me obsesioné con *Cuentos de amor locura y muerte,* del escritor uruguayo Horacio Quiroga. El título del libro se escribe sin poner comas porque para el autor «amor locura muerte» son tres escalas para un mismo final: el amor enloquece y la locura mata. ¡Cómo no iba yo a compartir aquello!

Entré despacio en un largo proceso de identificación con algunos de los personajes de sus cuentos, principalmente con los que se acercan a la muerte o se resisten a ella. Leía sus cuentos una y otra vez. Visitaba su casa museo casi a diario. Está allí mismo, a la salida del pueblo.

Empecé a dar largos paseos por los alrededores. Portaba siempre conmigo un machete bien afilado para poder defenderme del ataque de cualquier animal o romper las ramas que no te dejaban avanzar y se te enredaban en las pantorrillas como si fueran la temida serpiente cascabel muda. No temía, pues no había razón para ello, al aguará guazú (en guaraní, 'zorro grande'), un animal de pelaje rojizo y crin negra parecido a un zorro con las patitas muy largas.

La particular biografía de Horacio Quiroga me atraía como un imán y cuando rondaba su hacienda sentía que podía llegar a convertirme en una de esas polillas que, habiendo extraviado el rumbo, se quedan pegadas a la pared, y ahí mueren. Acontecimientos funestos como la muerte de su padre al accidentalmente dispararse con su propia escopeta, el suicidio de su padrastro semiparalítico o el suicidio de su primera esposa, con la que tuvo dos hijos, por el procedimiento de ingerir líquido de revelador fotográfico dieron un sentido trágico a su vida. Su segunda mujer y su tercera hija, hartas de él y de la selva, lo abandonarían, ya enfermo, en Misiones. Quiroga mismo se suicida con cianuro cuando el cáncer que padecía estaba bastante avanzado. «No se vive en la selva impunemente,/ni cara al Paraná», escribió su amiga Alfonsina Storni en un poema a él dedicado.

Con vocación, comencé a vivir con su fantasma. Un fantasma es una metáfora: representa la memoria de alguien irreparable que se resiste a morir y que quiere continuar interviniendo en los asuntos de la casa en la que habitó; ser escuchado desde el otro lado. Una vida nueva empezaba para mí. El fantasma de Quiroga invadía mi espacio y mi alma. Yo iba a la que fuera su casa y él venía a la mía. Me pasaba allí las horas muertas. Entre el galpón del viejo, que cuando estaba vivo solo leía novelas de amor, y la hacienda de Quiroga solo mediaba un sendero de tierra colorada por donde volaban grandes mariposas de alas azules.

Un día, al adentrarme en la selva a recolectar guayabas y otras frutas para comer, sentí una sombra a mi lado, distinta a la del fantasma de Quiroga. Temí que fuera un yaguareté o un puma, uno cualquiera de los dos grandes predadores de esta zona, y tiré de machete con todos mis sentidos en alerta. No. No había tal felino; no había nada. Solo una iguana adormilada en la corteza de un árbol pareció despertarse un instante cuando sintió una ligera brisa, al yo moverme rápido para localizar al animal, que, a mí parecer, me acechaba desde la oscuridad. Una vez que pude serenarme, la sombra, como si fuera un mono que bajara del árbol, volvió a mi lado.

Ante mi sorpresa, aquella compañía me resultó agradable. La sombra pasó de ser una percepción bastante vaga a simular tener forma humana y estuvo a mi lado hasta que regresé al galpón.

Antes de separarnos, me atreví a preguntar:

—¿Quién eres? Nunca te había visto por aquí.

—Realmente o fantásticamente, que viene a ser lo mismo porque en la selva no es fácil delimitar los contornos entre una cosa y otra, soy el personaje de un cuento nuevo que ahora está escribiendo el fantasma de Quiroga.

—Lo que me cuentas parece difícil de creer.

—Eso es porque llevas poco tiempo viviendo en la selva.

—¿Quieres decir que aquí acaba uno volviéndose loco?

—Salvo los indios guaraníes, que habitan esta tierra desde siempre, en general, sí. El vivir en la penumbra, dado los pocos rayos de sol que pasan a través de los árboles; la lluvia, el barro, las nubes de moscas y mosquitos, el miedo justificado a la picadura de una araña o de una serpiente venenosa o al ataque por la espalda de un yaguareté —como te acaba de pasar a ti— desatan la imaginación y todos los que aparecen por aquí acaban perdiendo cierto contacto con la realidad.

Aquellas explicaciones que me dio la sombra me resultaron bastante inquietantes. Sin embargo, al poco tiempo, dos o tres cuentos de Quiroga borraron todo mi interés por el presente: *La gallina degollada, A la deriva* y *Los buques suicidantes*.

La gallina degollada empieza así: «Todo el día, sentados en el patio en un banco, estaban los cuatro hijos idiotas del matrimonio Mazzini-Ferraz. Tenían la lengua entre los labios, los ojos estúpidos y volvían la cabeza con la boca abierta». Estos hijos, deseados con amor, de uno en uno dieron paso a la desolación y al dolor; luego, al odio en el matrimonio; cada uno culpaba al otro de haber engendrado aquellos hijos. La quinta hija no enfermó, era bonita. Los padres abandonaron dar cualquier cuidado o afecto a los mayores. Una mañana, los cuatro se cuelan en la cocina y ven a la sirvienta degollar a una gallina. Miran cómo va desangrándola con parsimonia. Al atardecer, la niña, en la cocina, correrá la misma suerte que la gallina.

¡Cómo la lectura de este cuento no iba a impactar en mí! Tuve que entrar en la ficción a caminar por esa historia, y así fue como empecé a vivir una doble vida: por la mañana, mataba a la gallina y por la noche, a la niña. Aquella imagen de la niña del cuento desangrándose hizo emerger mi crimen y toda mi brutalidad. Como todo asesino, necesitaba volver al lugar del crimen. Y el crimen, la sangre, la niña estaban en el cuento de Quiroga y yo me fui volviendo loco.

Para sobreponerme y encontrar una salida temporal a aquella angustia mía, durante un tiempo, bajé a la orilla del Paraná y allí, acompañado por los ruidos y los olores de la selva, entraba en el cuento *A la deriva*, donde al protagonista le pica una yararacusú. El hombre, sabiendo que la mordedura de esta serpiente, la más grande de las serpientes venenosas de Argentina, es mortal y está perdido, rema incansable por las aguas fangosas del río en busca de un médico, pero muere en su canoa.

Siempre he sido consciente de que no es suficiente pagar con cárcel la culpa, pues no puedes devolver la vida a la persona que has matado. El remordimiento y la vergüenza lastrarán siempre mi vida.

Así, con este juego macabro, torturante, morboso, que tanto daño me hacía, pasé varios meses. Para diferenciar la ficción de la realidad, encontré una solución: dejar bien a la vista en el galpón la cerbatana para dardos y flechas envenenadas que tenía el viejo lector, así cuando la veía sabía que, al menos en ese momento, yo estaba en la vida real. ¿Por qué una cerbatana? No podía poner una manta, la bombilla para sorber la yerba mate, una lámpara de queroseno o un machete, pues estos trastos estaban por todas partes. Este truco lo aprendí en otro de los libros que tenía el viejo en el galpón, un cuento de Julio Cortázar, *La noche boca arriba*. Cortázar hace que su personaje sepa dónde está en cada momento con ayuda de las fragancias: el olor del hospital, el olor del pantano, el olor de la guerra.

Los libros que fui encontrando me salvaron la vida durante un tiempo. Luego, me dieron la solución a mi sufrimiento por haber matado. No veía otra salida y entré en el cuento *Los buques suicidantes,* donde el capitán del barco y un pasajero, durante un viaje a Europa, narran al grupo de viajeros una historia marina. No la de los buques que por tempestades o incendios quedan como esqueletos a la deriva, sino la de aquellos otros buques abandonados que flotan vacíos porque toda su tripulación, como sonámbula, se ha lanzado al agua. Si luego, desde otro barco, algún marinero desprende una chalupa y lo aborda, encontrará todo en orden, todo limpio, sin señal alguna de lucha: la olla con las patatas aún en el fuego y la máquina de coser con la aguja suspendida sobre la costura.

La extraña sombra no volvió a aparecer en mucho tiempo. No volvimos a coincidir hasta una tarde lluviosa en la que un coche destartalado se paró delante del galpón. Transportaba en el asiento de atrás un par de pajareras con dos loros preciosos. El conductor se disponía a cambiar la rueda pinchada sin preocuparse en absoluto por el agua que, igual que caía, corría por todas partes. Tal era su parsimonia que conectó la radio. A pesar del ruido de la lluvia, se escuchaba la música, y el parloteo del locutor de la emisora se mezclaba con el de los loros. Aquella escena era algo novedoso, distinto a lo que ocurría todos los días, y la observaba distraído cuando, de repente, sonó la canción preferida de aquella chica a la que maté: *¡Ojalá que llueva café!* Sentí los primeros acordes como un puñetazo en la boca del estómago. No podía apartar la mirada de aquellos delgados riachuelos de tierra colorada que tenía delante y que, con la lluvia, discurrían como sangre. Sabía que no debía significarme, pero cada vez acumulaba más ira contra aquel pobre tipo que, totalmente empapado y lleno de barro, ya guardaba las herramientas en el maletero del coche y se disponía a marcharse con su caravana de ruidos.

Fue entonces cuando apareció la sombra; estaba sentada en el escalón. Estuvimos dialogando largo rato hasta que me tranquilicé. Me convenció de que había llegado la hora de irme de San Ignacio Miní. Luego se perdió en la copa de un palo rosa, un árbol gigante que sobresale por encima de los demás, vigía custodio de la selva.

Durante unas semanas, me acerqué todos los días a la orilla del Paraná. Miraba pasar los barcos que habitualmente navegan en fila por el río hasta que finalmente me decidí.

Hoy dejo escondida esta carta entre las páginas de uno de los libros que tenía almacenados el viejo que leía novelas de amor; si alguien llegara a leerla, mejor que piense que inventé una historia más.

Mañana por la noche, meteré en la canoa la cerbatana del viejo para estar en todo momento seguro de que estoy en la realidad y me deslizaré a golpe de remo por el río Paraná en un último intento, como hiciera el hombre del cuento al que le picó la yararacusú, de aplazar mi muerte. Navegaré a la deriva y quién sabe si, en un atardecer, no seré uno más de los marineros del cuento *Los buques suicidantes* que, amodorrados por el letargo de tantas horas bajo el sol, como sonámbulos, se lanzaban al agua. Consciente de que no existe el perdón para lo imperdonable, queda mi final en manos del destino.

FIN

Todo el texto pertenece al ámbito de la ficción. Todos los personajes que aparecen son personajes imaginarios. Si alguien se sintiera identificado, sería porque, tristemente, todos los casos de feminicidio se parecen demasiado.

Índice